Couvertures supérieure et inférieure manquantes

JULIEN LE ROUSSEAU

CONSÉQUENCES
DU
DÉGAGEMENT
DE LA LIMITATION
ET DE
LA RÉDUCTION DU JARDIN PUBLIC
DÉPENDANT
DU LUXEMBOURG

(Décret du 25 novembre 1865)

PARIS
LIBRAIRIE DES SCIENCES SOCIALES
NOIROT ET Cie, ÉDITEURS
13, rue des Saints-Pères

1866

Le décret du 25 novembre, publié au *Moniteur* du 28, et déterminant la limitation nouvelle à établir des dépendances du Sénat, au moyen de deux voies, partant : l'une de l'axe de la rue de l'Abbé-de-l'Épée dans la direction de l'ouest, jusqu'à la rencontre en un point de la rue de ce dernier nom, l'autre, de l'axe de la rue Férou dans la direction du sud, jusqu'à son point d'intersection avec celle indiquée plus haut, a soulevé dans une partie de la presse une explosion de protestations amères, et, par suite, une certaine émotion dans le public.

Ces manifestations des journaux d'opposition principalement, ont été, on a pu le remarquer, bien spontanées et bien faiblement motivées d'ailleurs pour qu'il soit possible d'admettre, sinon leur sincérité, au moins leur compétence et leur maturité. On semble être parti d'un sentiment blessé, bien plutôt que de l'examen attentif des choses, de leur principe et de leurs conséquences. On dirait même que cet incident a été saisi comme un thème de polémique, et que l'on s'est beaucoup plus inquiété de l'exploiter acrimonieusement que de le discuter sérieusement et à fond.

Nous avons suivi les diverses évolutions de la presse, en cette circonstance, avec tout l'intérêt que nous inspirait notre double qualité de propriétaire et d'habitant d'un quartier limitrophe du Luxembourg, sans trouver, nous l'avouerons, que l'on fît valoir, d'aucun côté, de suffisantes et concluantes raisons; et comme il n'est jamais inutile d'éclaircir et de simplifier les questions qui touchent aux affaires publiques, nous n'avons point hésité à dire aussi notre mot dans le débat.

Tout en soumettant les réflexions qui vont suivre à l'appréciation des habitants de nos quartiers, nous les adressons cependant plus particulièrement aux différents journaux qui nous les ont suggérées. C'est en leur faisant accueil et en les examinant sérieusement qu'ils justifieront de leur bonne foi pour la recherche de la vérité et de leur désir de la faire triompher, dussent-ils, dans cette occasion et contre l'ordinaire, reconnaître qu'ils ont cédé trop vite à leur première impression.

On pétitionne ardemment, dit-on, contre l'exécution du décret impérial du 25 novembre. Nous eussions pu provoquer, de notre côté, une semblable manifestation en sens contraire, et les signatures de notoriété respectable n'eussent point manqué dans tous nos environs. Nous avons pensé que les seules considérations de bon sens et d'intérêt public qui militent en faveur des projets de l'administration suffiront et au delà pour éclairer, rassurer et calmer l'opinion, en prouvant la rationalité et les importants avantages des grandes mesures qui vont enfin ramener les dépendances du Luxembourg à des proportions en rapport avec les exigences de nos quartiers.

I

Limitation nouvelle du Luxembourg

Dans l'état actuel des choses, l'immense jardin du Luxembourg, qui ne mesure pas moins de neuf cents et quelques mètres dans sa longueur, près d'un kilomètre, coupe de toutes communications, la nuit, et de toute circulation de voitures pendant le jour, d'intéressants quartiers déjà privés en partie d'aboutissants directs et commodes. Pour aller, par exemple, de la hauteur des rues Vavin et Fleurus à celle de la rue de l'Abbé-de-l'Épée, boulevard Saint-Michel, il faut, de toute nécessité, tourner de côté ou d'autre, l'espace occupé par les dépendances du Sénat et s'allonger ainsi d'un kilomètre et demi environ, distance considérable, surtout par des voies étroites et médiocrement entretenues.

Et ce surcroît de trajet ne serait qu'un mince inconvénient s'il n'entravait que le mouvement des communications et des transports; mais il est une véritable barrière, un obstacle infranchissable au rapprochement et à la fusion des populations, qui ont besoin de s'étendre librement pour enchevêtrer comme il convient leurs rapports, leurs échanges et leurs affaires.

En général, les grands établissements, soit publics, soit privés, qui interceptent le mouvement et suspendent en quelque sorte la vie dans les artères et les veines des cités, sont la plaie et la ruine du commerce (1). Autour d'eux tout lan-

(1) On est tellement frappé aujourd'hui des inconvénients et des préjudices occasionnés par les grands établissements sans façades locatives, que l'on a commencé au Châtelet, à disposer des boutiques, autour des théâtres, qu'on l'a fait également autour du nouveau Tribunal de commerce et même sur un des côtés de l'hospice de la Charité, le long de la rue des Saints-Pères. Il faut espérer que ces intelligentes dispositions s'étendront, sauf exception, à tous les grands immeubles publics ou privés, principalement aux prisons si, à tort, on les maintient en ville, de manière à répandre aussi équitablement que possible sur tous les points la vie et le mouvement.

guit, et la propriété elle-même se déprécie de plus en plus. Il n'est pas jusqu'à l'industrie qui, pouvant cependant y rencontrer à bon compte de vastes emplacements, ne refuse de s'y établir, tant il est vrai que le monde va vers le monde, et que le désert, tout mort qu'il est, ne laisse pas que d'envahir.

En réunissant par des voies directes les quartiers de l'École-Militaire et de Notre-Dame-des-Champs à ceux du Val-de-Grâce et du Jardin-des-Plantes, ce sera bien assez, ce serait même trop encore d'avoir à traverser un espace de six cents mètres, largeur actuelle du Luxembourg, si on ne devait pas affecter à la spéculation les parties excédantes de la limitation décrétée.

De son côté, l'autre voie à ouvrir dans l'axe de la rue Férou jusqu'à celle de l'Ouest et reliant l'Institut à l'Observatoire, à travers les quartiers Saint-Germain-des-Prés, de l'Odéon et de Notre-Dame-des-Champs, dégageant sur son passage Saint-Sulpice et le Grand-Séminaire, ne sera pas non plus sans importance pour déboucher et vivifier divers points qui en ont un extrême besoin. Il est facile de reconnaître que ce tracé se rattache intimement au système général du réseau de grandes communications décrété en 1858 et dont font principalement partie le boulevard Saint-Germain et la rue de Rennes.

Non-seulement il y avait à dégager tout ce bas quartier qui avoisine la Seine derrière la Monnaie et l'Institut, mais aussi à lui donner une large issue dans la direction de la route d'Orléans. Le tracé déterminé dans le dernier décret du 25 novembre ne comportant qu'une section de ce projet complémentaire vraisemblablement réservé dans l'esprit de l'administration, il n'y avait, on le conçoit, à entrer dans aucun des détails qui précèdent ; mais, avec quelque intelligence et un simple coup d'œil jeté sur le plan de Paris, les Critiques qui blâment ces mesures ne se seraient pas demandé pourquoi la limite ouest devait se raccorder à la rue Férou plutôt qu'à la rue Bonaparte. Ils auraient facilement compris ce qui vient d'être exposé en quelques mots.

Et maintenant, dans ces indispensables voies de dégagement à ouvrir, n'y a-t-il à voir seulement que de plus grandes facilités pour les communications et une plus ou moins considérable plus-value des immeubles des quartiers ainsi ouverts et rapprochés? Ce serait beaucoup déjà, et il n'y a aucune raison pour que certaines zônes de la rive gauche de la Seine, si délaissée jusqu'à présent, n'aient pas quelque peu à leur tour part dans ce vaste et glorieux mouvement de transformation de la capitale de l'Empire. Nous ne valons pas moins sans doute que nos concitoyens de la rive droite. Comme eux, nous payons l'impôt et nous partageons conséquemment les mêmes droits. Il n'y aurait donc ni justice, ni bonne administration à continuer de nous abandonner à l'oubli, ne nous laissant de notre qualité de citadins que les seules charges sans aucun des avantages dont on n'a cessé de combler depuis dix ans des points-mieux situés que les nôtres peut-être, mais souvent aussi beaucoup plus éloignés du vrai centre, c'est-à-dire des Halles et de l'Hôtel-de-Ville.

Du reste, au point de vue de la haute utilité des communications et de la justice distributive des bienfaits administratifs, les voies à prolonger en contiguïté de la nouvelle limitation du jardin du Luxembourg, ne sont sérieusement attaquées par personne. Nul n'oserait soutenir que certains quartiers doivent être maintenus dans les rigueurs de l'ostracisme, malgré leur part égale de contributions, quand d'autres auraient seuls droit au monopole des améliorations et des embellissements les plus dispendieux.

Mais ce que les contempteurs de ces importantes mesures, qu'ils voudraient faire remettre en question, auraient pu et dû comprendre encore, c'est qu'elles n'intéressent pas que le commerce et la propriété, mais aussi et essentiellement les populations laborieuses et de condition moyenne.

En effet, ainsi que nous l'avons fait remarquer plus haut, nos quartiers, faute d'aboutissants directs, n'ont pris jusqu'à présent qu'une part très-insignifiante au mouvement de construction si énergiquement développé partout ailleurs depuis un certain nombre d'années. Pendant que les terrains à bâtir ont été recherchés à des prix exorbitants sur la rive droite, les nôtres sont pour ainsi dire demeurés stationnaires et inoccupés, bien que pouvant donner facilement lieu à la création de nombreux logements à bon marché.

Et cela n'a tenu, comme on le pourrait croire, ni à notre éloignement du centre, moindre que celui des Champs-Élysées, du boulevard Malesherbes et surtout de la plaine Monceaux, ni à l'état peu brillant de nos rues et de nos constructions existantes, ni au prétendu préjugé relatif au personnel de nos habitations, mais uniquement, encore une fois, au défaut de communications convenables et surtout d'aboutissants directs. Aujourd'hui enfin que M. le préfet de la Seine se tourne un peu vers nous et commence à nous débloquer, nous verrons, il faut l'espérer, nos propriétés offrir au moins quelque chance aux opérations malheureusement de plus en plus rares de constructions pour les classes peu aisées.

Sans qu'il soit besoin d'attendre aucun des courants de la grande spéculation, les travaux de la ville en cours d'exécution de nos côtés et les conséquences naturelles du décret du 25 novembre, suffiront déjà pour déterminer l'impulsion personnelle de nos propriétaires dont beaucoup n'aspirent depuis longtemps qu'au moment de construire eux-mêmes, moyennant qu'on leur présente quelque chance de retirer au moins un raisonnable intérêt de leurs capitaux. Et c'est une grave question, dans les circonstances actuelles, de favoriser, dans un rayon peu étendu et facilement accessible, l'édification d'habitations modestes et à bon compte pour les classes moyennes et laborieuses, incessamment repoussées des principaux quartiers par les constructions de luxe et le taux inabordable des loyers. Les grandes distances ont également leur cherté par le temps qu'elles demandent à parcourir, par la fatigue qu'elles occasionnent, la rapide usure des effets qu'elles entraînent et surtout par les instants qu'elles enlèvent aux jouissances de la famille et à l'adoucissement des mœurs. Il est donc extrêmement désirable de voir l'administration déboucher tous les points où se trouvent encore des terrains à bas prix pouvant permettre de bâtir pour loger les masses que leurs occupations appellent chaque jour dans les établissements industriels et commerciaux du centre.

Voilà ce que les publicistes qui s'élèvent si énergiquement contre la limitation et la réduction du jardin public dépendant du palais du Sénat, auraient certainement compris, s'ils avaient bien voulu se renseigner avec un peu de soin et étudier avec conscience et, sous toutes ses faces, la question complexe qu'elles soulèvent.

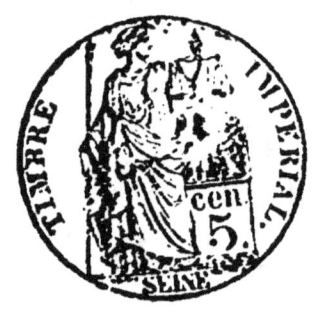

II

Aliénation de l'excédant de la limitation

L'affectation au Ministère des finances des terrains domaniaux situés en dehors de la limitation nouvelle du Jardin public, dépendant du palais du Luxembourg, a été, avec raison, considérée comme devant entraîner nécessairement l'aliénation de ces mêmes terrains.

Sans examiner si cette mesure peut se réaliser purement et simplement, en vertu du décret du 25 novembre, ou s'il faudra qu'elle soit autorisée et ratifiée par le vote des chambres, nous nous bornerons, en supposant le fait consommé, à considérer ses conséquences, soit pour les quartiers environnants, soit pour les habitants de ces quartiers, soit enfin pour la masse du public.

Les 10 hectares environ, déduction faite des voies qui devront être conservées ou ouvertes sur cette immense superficie, les 10 hectares que va rendre disponibles la limitation décrétée et qui ne produiront guère à la vente qu'une ressource insignifiante de vingt ou trente millions, seront, dit-on, un nouvel aliment jeté à l'industrie des bâtiments de luxe, au préjudice des paisibles habitants de ces quartiers, troublés ainsi dans leurs habitudes et dans leurs tranquilles travaux, menacés dans leurs intérêts par une hausse inévitable des loyers, en raison de l'accroissement de la population et de la concurrence des locataires.

Sans nul doute, les bordures riveraines de ce vieux et splendide palais du Luxembourg se construiront luxueusement, car elles seront assez recherchées par les gens de fortune et de goût, pour cela. On ne saurait s'attendre à ce qu'elles restassent en arrière des plus élégants quartiers; mais le bon sens indique suffisamment aussi que les parties intermédiaires entre cette lisière exceptionnelle et les rues de l'Ouest et de Notre-Dame-des-Champs ne comporteront guère que des maisons ordinaires et dès lors abordables à toutes les conditions. Ajoutons que l'impulsion se faisant sentir aux alentours, beaucoup d'habitations à bon marché s'élèveront, en égard, comme nous l'avons fait observer plus haut, aux prix encore très-modérés de la plupart des terrains.

Indépendamment donc du mouvement utile que ne pourra manquer d'amener la spéculation qui ne saurait être, ce nous semble, un monopole exclusif pour la rive droite, indépendamment des avantages qu'offriront, comme placement, des constructions de prix moyen sur un point cependant très-convenablement occupé, s'ouvrira ainsi dans un rayon peu étendu un vaste marché de logements appropriés aux petites bourses.

Il ne faut pas oublier, d'ailleurs, ainsi que vient de l'établir tout récemment M. le Préfet de la Seine, dans son mémoire au Conseil général, que la spéculation du bâtiment ne saurait se ralentir, si l'on veut arriver à faire fléchir les loyers et à les ramener à un taux à peu près normal. Il serait même à désirer, dans l'intérêt de l'immense majorité des classes ouvrières, encore si insalubrement logées, de voir les catégories de constructions de luxe épuisées et la nécessité d'employer les bras contraindre à se porter sur des opérations moins ambitieuses.

Mais, objectera-t-on encore, pourquoi réduire ce vaste et magnifique parc qui est pour tous ses environs une certaine et précieuse garantie de salubrité? Est-ce quand on a reconnu l'indispensabilité de créer partout des squares et de dispendieuses plantations, qu'il faut condamner et abolir ici ce que l'on fait ailleurs à si grand frais? Non, assurément, ce serait à la fois aussi mal penser que mal agir, et notre édilité parisienne n'a point de raison pour se déjuger et se démentir d'une manière aussi fâcheuse.

La réduction de l'immense jardin du Luxembourg, de dix ou onze hectares environ sur trente-cinq, ce point ne fût-il pas situé sur un plateau élevé et dégagé dans différentes directions par sept grands boulevards de trente-deux, quarante et soixante-douze mètres de largeur (1), cette réduction serait insignifiante au point de vue de la salubrité, puisqu'il resterait encore un réservoir d'air, admirablement planté, de vingt-quatre hectares à peu près. Elever au surplus et soutenir une pareille objection, parce qu'il sera formé quelques îlots de maisons sur un espace de plus de cent mille mètres, traversé d'abord par la grande avenue que l'on se gardera sans doute bien de supprimer et par quelques autres voies qui relieront ces îlots aux points environnants, c'est, en vérité, témoigner une furieuse démangeaison de critique et d'opposition.

Que ces dispositions, quoique sagement conçues, contrarient vivement certains habitants plus ou moins artistes de la partie du boulevard Saint-Michel, située entre la nouvelle Orangerie et le carrefour de l'Observatoire, et des appartements, sur le derrière, des maisons de gauche de la rue Madame, on le comprend. Il est évident

(1) Boulevards Saint-Michel, du Mont-Parnasse, de Port-Royal, d'Enfer, Arago, Saint-Jacques, et route d'Orléans.

que les bordures qui leur font face se trouvant bâties, l'aspect du Jardin du Luxembourg leur sera désagréablement masqué. Mais que l'on ne fasse pas toutefois de cet inconvénient tout particulier une sorte de calamité publique, car l'opinion ne pourrait qu'en sourire, surtout en réfléchissant aux intérêts considérables qui se trouvent en balance avec ces griefs de pur agrément. S'arrêter devant de pareils sentiments, tout naturels et légitimes qu'ils sont, ne serait-ce pas une véritable abdication du droit de propriété du domaine et une folle immolation des intérêts de tous aux fantaisies de quelques-uns? Ce qui arrivera de l'aliénation de la rive droite du boulevard Saint-Michel, au-dessus de l'axe de la rue de l'Abbé-de-l'Épée et de celle, à l'ouest, derrière la rue Madame, se passe tous les jours quand le propriétaire d'un beau jardin sur lequel ont vue les voisins, entreprend d'y élever des constructions pour son utilité particulière ou pour augmenter ses revenus.

Mais, si les locataires des étages des maisons situées comme il vient d'être dit à l'instant, éprouvent un vif dépit de l'incident qui les menace, pense-t-on que ceux des rez-de-chaussées et les propriétaires du boulevart Saint-Michel puissent partager leur sentiment, quand ils ont tout à gagner à voir la population s'accroître et le commerce, par là même, se développer? Aussi est-il douteux qu'il s'en trouve beaucoup d'assez mal inspirés pour s'associer aux démarches toutes personnelles d'honnêtes citoyens, qui entendent faire passer leurs jouissances particulières avant l'intérêt de la masse qui vit de son travail et de son industrie.

C'est pourtant pour de si graves dommages, pour de si imposantes considérations, que toute la presse opposante s'est armée en guerre et que les gros bonnets des rédactions se sont si fort échauffés et indignés. Ils riraient trop en eux-mêmes, si jamais l'opinion prenait feu à son tour sous le souffle de leurs feintes colères. Heureusement, si l'opinion peut s'égarer parfois sous l'influence de l'esprit de parti, elle revient bientôt, par la réflexion, de ses erreurs et de ses préjugés. Elle voit alors les choses sous leur véritable jour, et répare volontiers, autant qu'il est en elle, les injustices et les ingratitudes dans lesquelles on l'a fait tomber.

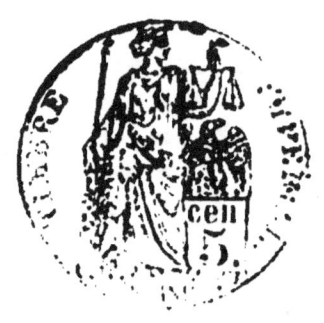

III

Prétendue mutilation du Luxembourg

Mais les raisons sérieuses manquant absolument pour démontrer et prouver l'irrationnalité, les inconvénients et les dommages réels des mesures qui doivent logiquement et nécessairement suivre la nouvelle limitation des dépendances du palais du Luxembourg, on se rejette sur les questions de sentiment qui exercent toujours une certaine influence sur le caractère impressionnable et exalté des Parisiens.

On sent bien évidemment que le bon sens public saisira d'emblée l'équité et l'utilité de faire enfin quelque chose pour cette vieille rive gauche, cœur de l'ancien Paris, si longtemps sacrifiée ensuite à sa sœur du côté droit. On comprend à merveille que ce serait en vain que l'on invoquerait le *statu quo*, et que l'on risquerait même à cette imprudente manœuvre, de soulever la conscience publique. On tourne donc la difficulté pour s'adresser surtout à la juste et légitime vénération de la plupart des esprits pour le passé, aux susceptibilités de l'orgueil naturellement jaloux de ses coutumes et de ses prérogatives, à l'instinct de la conservation et de la défense, enfin, aussi, aux petites passions qui font entrevoir, dans tout projet de changement ou d'aliénation de ce qui touche au domaine public, une atteinte à la propriété, un défi au droit, un outrage à la dignité nationale.

Voyons donc si réellement la limitation et la réduction des dépendances actuelles du palais du Luxembourg, attribuées aujourd'hui au Sénat, comportent tant d'énormités.

La superficie totale de ce magnifique établissement est en ce moment, en chiffres ronds, de trente-cinq hectares environ, soit trois cent cinquante mille mètres carrés.

Les parties à retrancher en vertu du décret du

25 novembre pourront atteindre environ, comme nous l'avons vu, onze hectares ou cent dix mille mètres, y compris la grande avenue qui sera sans doute conservée dans toute sa longueur actuelle, sur une largeur d'une quarantaine de mètres, avec demi-lune de dégagement en vue du palais, y compris aussi les autres voies qui devront diviser les deux grands îlots de droite et de gauche.

Il restera donc affecté aux dépendances du Palais du Sénat, comme jardin public, environ 24 hectares, ou 240,000 mètres carrés.

Remarquons, avant d'aller plus loin, que cette grandeur, dont on ne se fait pas facilement une idée, à moins d'une certaine habitude des données géométriques, équivaudra à celle du Jardin des Plantes, dont personne ne signale l'insuffisance pour le public; sera supérieure à celle des Tuileries, de 2 ou 3 hectares, et à celle de l'esplanade des Invalides, qui semble si immense à l'œil, de 11 ou 12 hectares, ou de 120,000 mètres environ.

Ne sont-ce pas là encore des dépendances princières, et peut-on sérieusement qualifier de mutilation une réduction qui se borne principalement à retrancher dans la partie sud un triangle aigu d'un aménagement peu facile, et, à l'ouest, une bande presque sans utilisation actuelle, laissant d'ailleurs la configuration générale du jardin plus régulière et plus symétrique?

Et quand à l'aide de si légers sacrifices, n'ayant rien absolument à faire regretter des parties ornées et intéressantes du jardin, on peut rendre d'immenses services à des quartiers jusque-là, frappés de langueur, faut-il s'arrêter aux sentimentalités soudaines de braves libéraux tendrement épris aujourd'hui, pour le besoin de leur cause personnelle, des souvenirs de la monarchie de Louis XIII et de Marie de Médicis? L'opinion éclairée et impartiale ne l'admettra point, et si le législateur doit intervenir pour légaliser l'aliénation des parties excédantes de la nouvelle limitation du jardin public du Luxembourg, il n'hésitera pas davantage, en face des bienfaits multipliés qui doivent dériver de cette mesure, depuis si longtemps attendue par de malheureux quartiers déjà encombré de si nombreux établissements religieux, scolaires, hospitaliers et pénitentiaires.

En resserrant d'ailleurs, dans des dimensions

encore énormes, les dépendances princières du Sénat, on ne fera certainement qu'ajouter aux soins et au luxe de son entretien. Ces immenses annexes de l'Ecole de pharmacie qui s'étendent le long du boulevart Saint-Michel et ressemblent à des espèces de cultures maraichères disparaissant; les pépinières, dont rien n'explique la présence dans un lieu exclusivement consacré aux promeneurs, se trouvant réduites, peut-être même aussi supprimées; enfin, ces vastes quinconces poussiéreux qui occupent toute la partie droite du jardin entre les rues de Vaugirard et de l'Ouest, étant scindés, nul doute qu'il ne soit apporté aux dispositions générales de l'ensemble, et à la surveillance particulière des détails, une attention qui ne saurait avoir lieu maintenant. Lorsqu'on voit le grand style, le goût et la magnificence qui président à l'arrangement et à la tenue du bois de Boulogne et des principaux squares de Paris, peut-on supposer que le Luxembourg, ramené à des proportions raisonnables, et définitivement affecté au Sénat, puisse être négligé par la double sollicitude du ministre de la Maison de l'Empereur et du Préfet de la Seine? On peut en être sûr, ces grands travaux de régularisation et d'embellissement ne seront pas plutôt achevés, qu'il n'y aura qu'une voix pour en célébrer l'intelligente pensée et la splendeur.

Et, puisqu'on a parlé des habitués et des nombreux promeneurs qui fréquentent les séculaires ombrages de cet ancien palais de Marie de Médicis, on peut être assuré encore qu'ils n'auront, à la place de regrets à exprimer, que des grâces à rendre aux heureuses inspirations qui seront venues ajouter à la belle création de Desbrosses les élégances et les raffinements de l'art moderne. Ce splendide établissement sera donc plus visité que jamais, ce qui n'aura pas seulement pour résultat de l'animer davantage et plus souvent, mais aussi d'en moraliser complétement l'usage en étendant la suveillance publique et spéciale à toutes ses parties, chose impossible aujourd'hui, eu égard aux nombreux refuges qu'il offre aux gens trop amateurs de solitude et de mystère.

Aussi, bien loin d'entraîner aucun inconvénient, soit pour le public, soit pour les voisins studieux qui aiment à rêver loin du bruit, soit pour les quartiers environnants, soit enfin pour les dépendances mêmes de ce vieux et illustre Luxembourg, les conséquences nécessaires du décret du 25 novembre n'auront, au contraire, que d'incalculables avantages à tous les points de vue, comme nous croyons l'avoir démontré dans le peu de pages qui précèdent.

Et tout esprit non prévenu, qui aura bien voulu prêter quelque attention aux considérations et aux faits qu'elles contiennent, le reconnaîtra, nous l'espérons, et contribuera avec nous à calmer des inquiétudes et des mécontentements irréfléchis, en attendant que l'événement lui-même rallie tous les sentiments sur des projets sagement conçus, consciencieusement étudiés et certainement d'une prodigieuse fécondité, comme, en général, tous ceux qui s'exécutent par la ville de Paris, après être sortis des conseils de la Préfecture de la Seine et avoir reçu la haute et lumineuse approbation du chef de l'Etat.

www.ingramcontent.com/pod-product-compliance
Lightning Source LLC
Chambersburg PA
CBHW030106230526
45471CB00003B/1279